AF259791

LA PAIX

ET UN

POUVOIR FÉDÉRAL EUROPÉEN

Bruxelles. — Imprimerie de A.-N. Lebègue et Cᵉ, 6, rue Terrarcken.

LA PAIX

ET UN

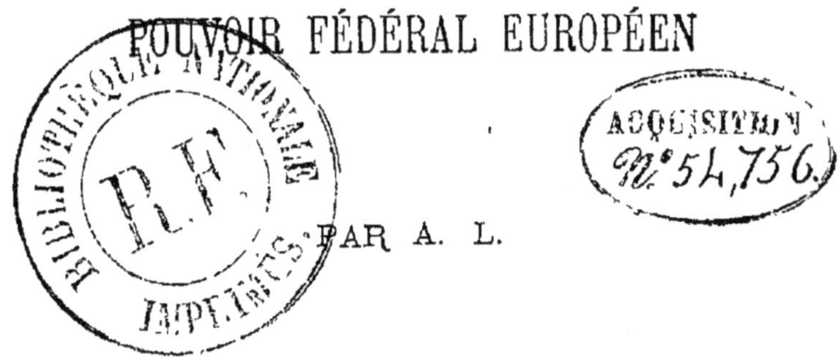

POUVOIR FÉDÉRAL EUROPÉEN

PAR A. L.

⟶⟶✳⟵⟵

BRUXELLES

OFFICE DE PUBLICITÉ

IMPRIMERIE DE A.-N. LEBÈGUE ET COMPAGNIE

RUE TERRARCKEN, 6

—

1871

I

DE LA PAIX.

L'Europe est-elle condamnée à rester perpétuellement sous les armes, et n'a-t-elle pas les moyens d'éviter, ou du moins de limiter les chances de guerre ?

Il faudrait méconnaître l'esprit de la nation française, pour ne pas comprendre que la paix qui suivra la guerre actuelle ne sera qu'une trève, si on ne parvient pas à la conclure sans humilier la France.

D'un autre côté, l'Allemagne est en droit d'exiger des garanties contre le retour de l'agression injuste dont elle souffre cruellement quoique victorieuse, et elle ne peut laisser à son adversaire les moyens de recommencer la lutte.

Il faut donc chercher les bases de la paix dans des conditions qui laissent l'honneur de la France intact, et qui garantissent la sécurité de l'Allemagne.

Je laisse de côté la question d'argent, parce que les immenses ressources de la France combleront en peu de temps la brèche que l'indemnité de guerre pourrait faire à ses finances, et que, par cela même, cette indemnité, quelque considérable qu'elle soit, ne peut garantir l'Allemagne contre une agression nouvelle.

Je ne parlerai pas non plus des restrictions qui pourraient être imposées à la France dans l'organisation de ses forces militaires, parce que les entraves de cette nature sont généralement inefficaces et ne peuvent que fortifier le désir de la vengeance chez un peuple énergique et fier.

Reste la question des forteresses et celle des territoires en litige.

II

FORTERESSES ET TERRITOIRES.

Les forteresses de l'Alsace et de la Lorraine peuvent être conservées ou rasées.

Conservées et aux mains des Français, elles sont défensives, sans doute, mais elles servent de base aux opérations dirigées contre l'Allemagne, et on ne peut exiger, ni même espérer, que l'Allemagne victorieuse maintiendra la situation telle qu'elle existait au début de la guerre.

Aux mains des Allemands, elles deviennent une menace perpétuelle, et elles donnent aux invasions un appui si formidable, que la France ne peut accepter cette situation sans abdiquer son rôle de grande puissance.

Ces forteresses rasées laissent la France ouverte et affaiblie, et il est certain que le pays tout entier voudra fortifier ses frontières, dès qu'il se sentira en mesure d'entreprendre une nouvelle lutte.

Il ne faut donc pas chercher les bases d'une paix durable dans l'une ou l'autre de ces combinaisons.

On n'en trouvera pas davantage dans des modifications territoriales, parce que les observations précédentes, sur la possession des forteresses, sont parfaitement applicables à la possession de l'Alsace et de la Lorraine par l'un ou l'autre des belligérants. — L'Allemagne ne peut laisser ces provinces à la France sans perdre les fruits de ses victoires; — la France ne peut les livrer à l'Allemagne sans s'amoindrir et sans conserver la ferme volonté de les reconquérir.

Il n'est pas permis de se faire illusion à cet égard, et il faut chercher ailleurs les bases de la paix, si l'on veut éviter une nouvelle guerre, plus terrible encore que celle dont nous sommes témoins.

III

BASES DE LA PAIX.

Il faut trouver une combinaison qui donne satisfaction aux intérêts et aux exigences légitimes des deux belligérants et aux aspirations de l'Europe, sans créer entre deux grandes nations un antagonisme qui conduirait fatalement à de nouvelles catastrophes.

Les belligérants devront nécessairement faire des concessions et des sacrifices, pour conclure la paix; mais ces concessions et ces sacrifices leur seront moins pénibles, s'ils leur sont demandés au nom des intérêts généraux de l'Europe.

Voyons donc quels sont ces intérêts.

La guerre actuelle nous montre toutes les puissances désireuses d'arrêter l'effusion de sang, mais elle nous les montre aussi hésitantes et ajournant leur intervention, dans la crainte d'échouer dans leurs tentatives de paix et de se trouver engagées dans la lutte.

Ce n'est pas la première fois que nous voyons ces hésitations regrettables, justifiées, du reste, par la situation elle-même, et on peut affirmer qu'elles se reproduiront toujours en pareil cas.

On doit en conclure, qu'il faut organiser pendant la paix tous les moyens d'intervention;

Qu'il faut les préparer dès que la guerre devient possible, sans que ces mesures préventives puissent engager les puissances au delà d'obligations limitées, imposées par des traités existants;

Que, pour éviter les retards et surtout les difficultés du moment, il faut déterminer d'avance la composition, le mode de convocation et le lieu de réunion d'un congrès européen.

Qu'enfin, il faut créer en Europe un centre, une force, dont l'action ne manquerait jamais de s'exercer avec énergie dans les circonstances critiques, pour maintenir ou rétablir l'ordre et la paix parmi les peuples.

C'est pour ce centre, cette force, qui pourrait

s'appeler *sénat européen*, qu'on peut demander aux belligérants l'Alsace et la Lorraine avec leurs forteresses, parce que ces provinces seraient entre les mains de ce nouveau pouvoir, une barrière presque infranchissable et la plus solide des garanties pour la sécurité des deux peuples.

La guerre actuelle aurait ainsi fourni l'un des principaux instruments qui peuvent nous préserver des guerres futures, et les circonstances sont favorables pour tenter d'introduire cette modification dans l'organisation politique de l'Europe; car, la volonté si hautement manifestée par tous les hommes de cœur, de préserver enfin les peuples du fléau de la guerre, multipliera à l'infini toutes les forces qui peuvent concourir à la création d'un pouvoir, sauvegarde des intérêts les plus précieux de l'humanité.

En disposant ainsi de la Lorraine-Alsace, il doit être entendu que ses populations resteront parfaitement libres dans leur organisation intérieure, qu'elles formeront un nouvel État neutre, monarchique ou républicain, dans lequel le sénat-européen n'aura à intervenir que pour l'organisation des forces militaires et la garde des forteresses.

IV

NOUVEL ÉTAT NEUTRE.

L'idée de former un État neutre de la Lorraine-Alsace n'a pu échapper à l'attention des hommes d'État, et des motifs, que nous ignorons, s'opposent peut-être à sa réalisation. Pourtant cette création, dans les conditions que nous venons d'indiquer, semble donner satisfaction aux exigences raisonnables et aux intérêts bien entendus des belligérants, tandis qu'elle serait pour l'Europe un nouvel élément de sécurité.

L'Allemagne peut craindre, il est vrai, que ce nouvel État conserve des sympathies françaises et devienne facilement un ennemi pour elle; mais ces provinces si durement éprouvées par la guerre actuelle et devant être les premières victimes d'une nouvelle conflagration, ne se lanceront pas facilement dans les aventures ; et il est plus que probable, au contraire, que ces populations éclairées et honnêtes, en possession de tout ce qui peut assurer une grande prospérité, prendront au sérieux leur rôle de neutres et en rempliront tous les devoirs avec énergie et loyauté.

On peut d'ailleurs augmenter considérablement les garanties accordées à l'Allemagne, en faisant occuper les forteresses par l'armée fédérale européenne, dont nous parlerons plus loin ; — en rasant les fortifications rapprochées de ses frontières qui ne sont pas indispensables à la défense du nouvel État ; — et, enfin, en laissant une garnison allemande à Metz, jusqu'à ce que l'armée fédérale puisse en assurer la garde.

Cette combinaison serait, je crois, plus favorable aux vrais intérêts de l'Allemagne, qu'une annexion qui romprait son unité et l'engagerait infailliblement un jour dans une nouvelle guerre, qui ne peut augmenter ni sa gloire ni sa puissance, et l'exposerait à de cruelles représailles.

Quant à la France, on comprend qu'une nation longtemps victorieuse ait beaucoup de peine à s'avouer vaincue, mais les faits dominent les sentiments, et tous ceux qui raisonnent froidement doivent convenir, qu'il faudrait un miracle. pour ramener la victoire sous ses drapeaux.

Elle doit donc apprécier sainement sa situation et agir en conséquence; car si la guerre se prolonge, elle peut devenir implacable, les exigences des vainqueurs augmenteront, les ruines s'accumuleront et les ressources de la France seront taries pour longtemps.

L'abandon de deux de ses provinces est cruel sans doute, mais ce sacrifice n'est pas sans compensation pour elle :

L'État neutre qu'elles formeront couvre la partie la plus exposée de ses frontières et lui donne, en définitive, une force défensive plus grande que celle qui pourrait être créée avec les ressources fournies par ces deux provinces.

Il complète avec la Belgique, le Luxembourg et la Suisse, une ceinture de petits États dont la stabilité sera considérablement augmentée par la protection de l'armée fédérale européenne, et dont les sympathies pour la France seront d'autant plus sérieuses que leur indépendance sera mieux assurée.

Enfin, les populations séparées de la mère-patrie restent maîtresses de leur sort sous tous les autres rapports, et elles peuvent trouver la prospérité dans leur nouvelle situation politique.

Il semble donc que la France ne peut espérer une solution plus conforme à ses intérêts; et on pourrait même prétendre qu'avec ces nouvelles frontières, elle peut devenir plus grande et plus prospère qu'elle ne l'a jamais été; si elle sait fortifier les sympathies de ses voisins, en renonçant loyalement et définitivement à son amour des conquêtes.

L'Europe trouve dans cette combinaison une occasion précieuse de créer un pouvoir fort et pacifique par essence et par devoir, intervenant comme haut justicier *dans les contestations qui peuvent amener la guerre;* et dont l'intervention incessante, avant et pendant la lutte, exercerait une immense influence sur le maintien ou le rétablissement de la paix, que les intérêts de la civilisation nous font un devoir de maintenir entre tous les peuples.

V

POUVOIR FÉDÉRAL EUROPÉEN.

Ce n'est pas la première fois que l'idée d'un arbitrage européen est émise, et je vais essayer de démontrer, en indiquant succinctement les bases principales de son organisation, que ce n'est pas une utopie.

Sénat européen. — Le Sénat européen est appelé à examiner et à juger toutes les contestations, qui peuvent occasionner ou qui ont fait éclater la guerre sur un point quelconque de l'Europe.

Il a le droit et le devoir d'intervenir pacifiquement dans tous les différends qui intéressent les gouvernements confédérés.

Pouvoir conciliateur par essence, il n'autorise et ne prescrit l'emploi des armes que pour combattre une agression violente, contraire aux traités internationaux existants.

Les mesures d'exécution ordonnées par le Sénat, sans même en excepter l'appel et l'emploi des contingents fédéraux, ne peuvent engager sous aucun autre rapport, ni la politique extérieure ni le régime intérieur des puissances confédérées. Le Sénat assume toute la responsabilité de ses actes, et aucune puissance ne peut les interpréter ni agir contrairement à ce principe.

Le nombre des sénateurs de chaque pays confédéré est proportionné à sa population.

Le mode de leur nomination et la durée du mandat sont déterminés par les gouvernements qu'ils représentent.

Le Sénat exerce ou délègue le pouvoir exécutif.

Il se réunit tous les ans à une époque déterminée, ou immédiatement en cas de guerre, dans la forteresse de *Metz*, déclarée et reconnue ville libre et capitale fédérale européenne.

Il règle l'ordre de ses travaux, fixe son organisation intérieure et prend toutes les mesures qu'il juge nécessaire pour assurer la marche régulière des divers services.

Trésor fédéral. — Les pays confédérés verseront annuellement au trésor fédéral la somme qui sera fixée par le Sénat, d'après les besoins présents ou éventuels.

Armée fédérale. — Quand les passions sont déchaînées et qu'elles se sont emparées de l'esprit des gouvernants et des peuples, la force morale se trouve toujours impuissante si elle n'est point appuyée par une force matérielle.

Il faut donc une armée à ce nouveau pouvoir.

On peut la former de différentes manières, mais nous la voulons permanente et renforcée par des contingents fournis par l'Europe entière, afin d'en créer un palladium de la paix qui ne puisse être renversé que par une main sacrilége.

Il suffit d'indiquer ici quelques-uns des principes fondamentaux de cette organisation, pour faire comprendre combien il est facile d'atteindre le but que nous nous proposons.

Le Sénat peut créer, organiser et entretenir des corps de volontaires dans les pays confédérés.

Il en fixe l'effectif et en détermine l'organisation.

Les États neutres, qui sont les plus intéressés à la formation de l'armée fédérale, lui fourniront un contingent composé de troupes de toutes armes et d'un effectif égal aux cinq millièmes de leur population. — Ils devront, en outre, entretenir une armée dont le Sénat fixera le minimum, pour concourir à la défense de leurs frontières.

Le contingent des autres puissances sera d'un effectif égal aux deux millièmes de leur population.

La composition des contingents sera fixée par des traités.

Tous les contingents seront constamment organisés et prêts à répondre à la convocation, dans les dix jours en temps de paix et dans les vingt-quatre heures quand ils sont mis sur pied de guerre.

Leurs chefs seront tenus de fournir, au ministre de la guerre fédéral, tous les renseignements que celui-ci pourra leur demander sur la situation de leurs troupes.

Le droit de faire inspecter ou de convoquer, en tout ou en partie, les contingents fédéraux, appartient au Sénat.

Les corps convoqués passent immédiatement sous les ordres du ministre de la guerre fédéral, qui en dispose suivant les circonstances, soit en les réunissant sous les ordres d'un général en chef fédéral, soit en les incorporant dans les armées confédérées dont le territoire est menacé.

Les pays auxquels ces troupes appartiennent sont tenus de les maintenir au complet de guerre, et de pourvoir à leur entretien et à leur subsistance.

Les troupes permanentes fédérales et les contingents ont, en tout temps, le droit de passer avec armes et bagages sur les territoires des confédérés.

L'armée fedérale européenne peut être orga-
nisée comme suit :

CORPS.	PAR QUI FOURNI.	SUBDIVISIONS	EFFECTIF DES SUBDIVISIONS.	EFFECTIF TOTAL.
1er corps	Sénat européen.	Le corps entier.		
2e id.	Id.	Id.		100,000
3e id.	Id.	Id		
4e id.	Lorraine-Alsace.	2 divisions.	14 000	26,000
	Suisse.	2 id.	12,500	
5e id.	Belgique et Luxembourg.	Le corps entier		25,500
6e id.	Angleterre.	Id.		30,000
7e id.	Pays Bas.	1 division.	7,250	22,650
	Danemark.	1 brigade.	3,650	
	Suède-Norvége.	2 divisions.	11,750	
8e id.	France.	Le corps entier.		65,000
9e id.	Id.	Id.		
10e id.	Espagne.	3 divisions.	24,000	30,000
	Portugal.	1 division	6,000	
11e id.	Italie et ses petits Etats.	Le corps entier.		50,000
12e id.	Id.	Id.		
13e id.	Monarchie Austro-Hongroise.	Le corps entier.		65,000
14e id.	Id.	Id.		
15e id.	Etats confédérés de l'Allemagne.	Le corps entier.		75,000
16e id.	Id.	Id.		
17e id.	Id.	Id		
18e id.	Russie.	Le corps entier.		90,000
19e id.	Id.	Id.		
20e id.	Id.	Id.		
21e id.	Turquie d'Europe.	2 divisions.	18,000	32 150
	Roumanie.	1 division.	9,000	
	Grèce.	1 brigade.	2,700	
	Serbie.	1 id.	2.230	
	Monténégro.	1 compagnie.	200	
			Total. . .	611,000

Les forces de mer se composeront de trois escadres, celle du Nord,
celle de l'Ouest et celle du Midi, dont les éléments seront fournis par
les puissances maritimes qui n'ont pas donné à l'armée de terre les
deux milliemes de leur population, de manière à compenser les sacrifices imposés a chaque nation.

Si le Sénat, en possession déjà d'un pouvoir moral considérable, pouvait faire agir avec ensemble et sans difficulté des forces aussi imposantes que celles dont nous venons de donner l'énumération, il exercerait une influence prépondérante en Europe, et une paix solide et durable donnerait un immense essor à tous les travaux de la civilisation; mais il serait puéril de se faire illusion à ce sujet, car il faut compter avec les passions des gouvernants et des peuples, qui sont et qui resteront toujours les mêmes.

L'armée fédérale et surtout les contingents, doivent d'ailleurs rester fidèles à leur mission, qui est d'éviter ou du moins de limiter les effets de la guerre, tout en appuyant les efforts des peuples qui combattent pour des droits fondés sur des traités internationaux. Le Sénat, de son côté, doit éviter avec soin de blesser les sentiments naturels des peuples et de jeter entre eux de nouveaux brandons de discorde.

Il est donc nécessaire d'établir, sur la réunion et sur l'action de l'armée fédérale, quelques règles qui diminueront sensiblement son effectif.

Voici ces règles, dont il est inutile, je crois, de développer les motifs :

Les contingents des belligérants seront dégagés de leurs obligations envers le pouvoir fédéral.

Ceux des nations dont les frontières peuvent être menacées ou dont la tranquillité intérieure est troublée, ne seront pas employés hors de leur territoire.

Une décision prise à la simple majorité des sénateurs présents, suffit pour ordonner la réunion et même la concentration de l'armée fédérale permanente et des contingents.

Mais, sauf le cas d'une agression violente contre un des États confédérés, la guerre ne peut être déclarée qu'à la majorité des deux tiers des voix du nombre total des sénateurs, et elle ne peut être portée sur un point où elle n'a pas éclaté, que par une décision prise à la majorité des quatre cinquièmes des voix.

L'armée fédérale ne peut agir que dans un but défensif, et elle doit suspendre son action dès que ce but est suffisamment atteint.

Malgré ces restrictions, qui sont dictées principalement par l'indispensable nécessité de resserrer le théâtre de la guerre et de diminuer l'intensité de la lutte, au risque de la prolonger ; l'action du gouvernement fédéral européen, sur le maintien ou le rétablissement de la paix, sera toujours très-considérable. — Nous allons essayer de le démontrer, en examinant quelle eût été la marche probable des événements actuels, en présence d'un pouvoir fédéral européen.

VI

ACTION DU POUVOIR FÉDÉRAL.

Au début du différend survenu entre la France et la Prusse, — action diplomatique, — intervention du Sénat, — mise sur pied de guerre de l'armée fédérale permanente et des contingents.

En présence d'une guerre probable, — concentration de l'armée fédérale et des contingents disponibles. — Jugement du Sénat sur le différend (1).

(1) Il peut être intéressant et surtout utile pour appuyer notre démonstration, de faire une simple hypothèse sur la concentration des forces fédérales en indiquant les forces probables que les puissances confédérées, voisines du théâtre de la guerre, pourraient mettre en campagne d'après une base fixe de 1 1/2 p. c. de leur population.

On peut réunir :

Dans la Baltique, l'escadre du Nord ;

La voix de l'Europe est entendue, le jugement du Sénat est respecté et la guerre est évitée.

Ou bien la France, poussée par son mauvais génie, envahit la Lorraine — et le Sénat lui déclare la guerrre en contractant une alliance avec l'Allemagne.

Après une série de combats et de batailles, l'armée française subit une défaite assez importante, pour que le but défensif, que l'armée fédérale doit se borner à poursuivre, puisse être considéré comme étant atteint. Cette armée suspend alors son action. — Le Sénat concentre tous ses corps d'armée (420,000 hommes environ) dans les pays neutres, sur la rive gauche du Rhin; et, fidèle à sa mission, il renouvelle près des belligérants ses tentatives de paix.

Dans la mer du Nord, l'escadre de l'Ouest ;
Dàns la Manche, l'escadre du Midi ;

En Belgique, le 6e et le 7e corps, soit	52,650	hommes,
En Lorraine-Alsace, les 1er, 2e, 3e, 13e et 14e corps,	165,000	»
Total,	217,650	hommes.

Cette armée, réunie à celle de l'État neutre dont le territoire serait violé, formerait une masse imposante de 260 à 300 mille hommes, et aurait comme réserve :

En Espagne, ou sur l'escadre du Midi, le 10e corps,	30,000	hommes,
En Piémont ou en Suisse, les 11e et 12e corps,	50,000	»
En Pologne, les 18e, 19e et 20e corps,	90,000	»
Sur les frontières de l'Autriche ou en Bohême, le 21e corps,	32,150	»
Total,	202,150	hommes.
Total général,	419,800	hommes.

Il est presque impossible d'admettre, que l'intervention incessante d'une puissance parlant au nom de l'Europe et sans autre intérêt que le rétablissement de la paix, reste encore une fois inefficace dans des conditions semblables et en présence de la situation des deux armées belligérantes.

Mais, pour épuiser toutes les hypothèses, allons jusqu'à l'invraisemblable, supposons que rien n'a pu arrêter la guerre, admettons même que la France se relève et que ses armées victorieuses rejettent les Allemands au delà de ses frontières.

L'armée française se trouvera donc de nouveau en présence de l'armée fédérale européenne, forte, cette fois, de 420,000 hommes environ, et dans les meilleures conditions morales et matérielles de la défensive.

Attaquera-t-elle encore cette armée, qui s'est montrée grande et généreuse envers la nation française, en abandonnant la lutte après une victoire, et qui est restée loyalement fidèle à sa mission de paix ?

Non, si elle n'est pas aveuglée par ses récents triomphes, car ses succès lui seraient aussi funestes que ses revers.

Supposons, en effet, que l'armée fédérale et l'armée allemande réunies soient battues, et que le Sénat, renfermé dans Metz, soit menacé du sort de Bazaine. Qu'arrivera-t-il ?

Il ne faut pas être prophète pour le prédire. — Tous les peuples dont les contingents ont combattu dans l'armée fédérale et l'Allemagne toute entière voudront venger leur défaite ; des alliances formidables se formeront entre le Sénat et ses fidèles alliés qui, par leur organisation militaire actuelle, disposent de près de cinq millions de combattants, et la France, envahie de nouveau, peut perdre pour jamais sa position en Europe.

Il est impossible qu'un peuple intelligent, quelque exalté qu'il soit, ne prévoie point les conséquences d'une agression semblable, aussi je ne les indique qu'avec la certitude que l'armée française ne s'y exposera pas, et qu'en ce moment suprême, la grande voix de l'Europe, représentée par le Sénat, se fera écouter et mettra fin à la guerre.

VII

COMPARAISONS.

Nous venons d'indiquer sommairement comment un pouvoir fédéral européen, appuyé par une armée d'un effectif convenable, peut concourir puissamment au maintien ou au rétablissement de la paix. Nous pouvons ajouter, que la création de ce pouvoir aurait très-probablement pour effet de diminuer considérablement les armements de l'Europe, parce que les nations, grandes ou petites, trouvant toujours en lui un protecteur des droits des peuples, sentiront l'inutilité d'entretenir à grands frais des forces d'un effectif exagéré, soit pour dominer, soit pour se défendre.

Peut-on espérer qu'avec l'organisation actuelle de l'Europe, les gouvernements parviendront un jour à s'entendre pour régler leurs armements? — Peut-on croire surtout que la diplomatie parviendrait, sans effusion de sang, à arrêter sur les frontières de l'Allemagne une armée française victorieuse, ou simplement animée du désir de venger ses défaites?

Il faudrait être bien optimiste pour le penser; et pourtant, l'Europe souffre cruellement de ces armements, qui n'ont plus d'autres limites que le nombre d'hommes capables de porter les armes; et il ne faut pas oublier que si rien n'est changé dans notre organisation politique, la paix ne peut avoir pour effet que de retarder l'instant critique où les armées allemandes et françaises vont de nouveau se trouver en présence, séparées par une ligne conventionnelle plus ou moins avantageuse pour l'attaque ou pour la défense.

Je professe autant que personne le respect des traités, mais il est prudent de n'en pas exagérer la valeur, et l'acharnement de la lutte que nous avons sous les yeux prouve surabondamment, qu'il est plus que jamais nécessaire d'élever entre les deux peuples belligérants, une barrière que l'un des deux ne puisse franchir sans s'aliéner les sympathies de l'Europe, et sans augmenter considérablement les forces militaires de son adversaire.

On peut objecter au système que nous préconisons, qu'il ne sera pas toujours facile de réunir l'armée fédérale et qu'on doit craindre quelques faiblesses, disons le mot, des défections lors de la réunion des contingents.

Cela est vrai et il faudrait être né d'hier pour le contester. — C'est même un des motifs qui nous ont engagé à créer une armée permanente et à autoriser le Sénat à lever des corps dans les pays confédérés, parce que nous croyons que l'irritation causée par une défection, augmentera considérablement le nombre des volontaires.

Les alliances que le Sénat peut contracter contribueront aussi à combler les vides que la trahison ou la peur pourront faire dans l'armée fédérale, et on est en droit d'espérer, que des peuples énergiques mettront, en cas de danger réel, des ressources suffisantes à la disposition du Sénat.

C'est même là une des formes idéales du pouvoir fédéral : car, si toutes les forces militaires de l'Europe étaient entre les mains du Sénat, comme celles de l'Allemagne sont sous les ordres de S. M. le roi de Prusse, les guerres seraient impossibles et les armées permanentes pourraient être réduites à l'effectif des contingents.

Je ne prolongerai pas cette étude, qui suffit, je crois, pour faire comprendre l'heureuse influence qu'un pouvoir fédéral européen, fort et respecte, exercerait infailliblement sur le sort des peuples.

Que les souverains veuillent bien abandonner généreusement une très-faible partie de leurs prérogatives ; — que les hommes influents qui dirigent l'Europe mettent leur gloire à fermer définitivement l'ère des luttes fratricides; — qu'un Sénat intelligent édifie sur des bases solides la constitution de l'union des peuples européens, et le pouvoir fédéral est fondé aux acclamations des nations civilisées.

Espérons, prions et agissons.

15 novembre 1870.